BEI GRIN MACHT SICH IHR WISSEN BEZAHLT

- Wir veröffentlichen Ihre Hausarbeit,
  Bachelor- und Masterarbeit

- Ihr eigenes eBook und Buch -
  weltweit in allen wichtigen Shops

- Verdienen Sie an jedem Verkauf

Jetzt bei www.GRIN.com hochladen
und kostenlos publizieren

Bibliografische Information der Deutschen Nationalbibliothek:

Die Deutsche Bibliothek verzeichnet diese Publikation in der Deutschen National-
bibliografie; detaillierte bibliografische Daten sind im Internet über http://dnb.d-
nb.de/ abrufbar.

Impressum:

Copyright © 2018 GRIN Verlag
Druck und Bindung: Books on Demand GmbH, Norderstedt Germany
ISBN: 9783668985292

Dieses Buch bei GRIN:

https://www.grin.com/document/492185

Miriam Wagner

Einführung in den Marketingmix. Produktpolitik und Kommunikationspolitik

GRIN Verlag

Inhaltsverzeichnis

1. Allgemein

1.1 Definition

Definition Marketing:

„Ausrichtung eines Unternehmens auf die Förderung des Absatzes durch Betreuung der Kunden, Werbung, Beobachtung und Lenkung des Marktes sowie durch entsprechende Steuerung der eigenen Produktion." [1]

> Ziel des Marketings ist die Kundenzufriedenheit.

1.2 Marketingmix

Unter dem Prinzip des Marketingmix versteht man das 4-P-Modell von McCarthy[2]:

- Product (Produktpolitik)
- Price (Preispolitik)
- Place (Kommunikationspolitik)
- Promotion (Distributionspolitik)

> Die Marketingstrategie wird umgesetzt durch die Kombination der vier P.

1.3 Herkunft des Begriffs

Durch Veränderung des Marktes in den letzten Jahrzehnten gibt es einen Überhang des Leistungsangebotes.[3] Während früher die Produktion und die Beschaffung die Hauptaufgabe eines Unternehmens war, ist es heutzutage der Absatz der produzierten Produkte.

Unternehmen konzentrieren sich heutzutage nicht mehr darauf, nur die Aufmerksamkeit auf ihre Produkte zu lenken, sondern sich bewusst auf die Bedürfnisse der Kunden einzustellen, um einen hohen Absatz zu erzielen. Dies führt dazu, dass sich Unternehmen in ihren Entscheidungen nur noch auf den Markt konzentrieren. Diese Marktorientierung in Maßnahmen umzusetzen, ist Aufgabe des Marketings.[4] Der Begriff Marketing kommt aus dem Amerikanischen und bedeutet Markt machen, d.h. einen Markt für seine eigenen Produkte schaffen bzw.

---

[1] Duden: https://www.duden.de/rechtschreibung/Marketing Zugriff am 27.01.2018
[2] Vgl. Amely 2016, S.89
[3] Speth/Kaier/Boller/Waltermann 2017, S.259
[4] Kalka/Mäßen 2000, S.9

Ausschöpfen.[5] Heute ist es die Ausrichtung eines Unternehmens auf die Förderung des Absatzes.[6]

2. Produktpolitik

„Produktpolitik ist die bedarfsgerechte Gestaltung des Produktangebots und der mit dem Produkt angebotenen Zusatzleistungen (zum Beispiel Kundendienst)."[7]

2.1 Komponenten eines Produkts

Ein Produkt setzt sich aus folgenden Eigenschaften zusammen:

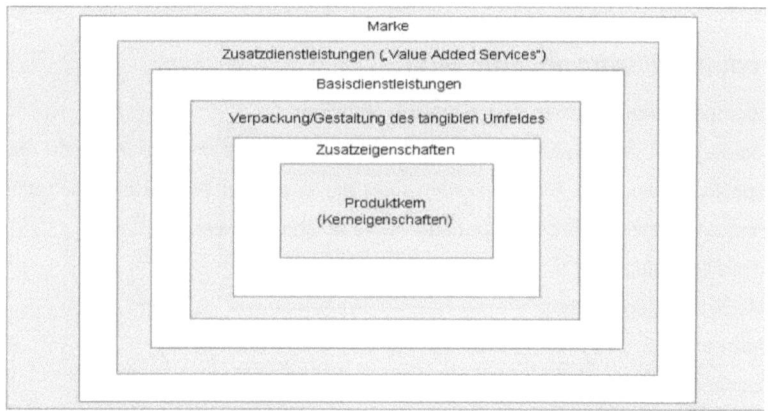

Marke
Zusatzdienstleistungen („Value Added Services")
Basisdienstleistungen
Verpackung/Gestaltung des tangiblen Umfeldes
Zusatzeigenschaften
Produktkern
(Kerneigenschaften)

8

Beispiel Apple:

Der **Produktkern** setzt sich aus den Kerneigenschaften zusammen, am Beispiel eines iPhones ist das der Bereich Kommunikation, Telefonie, Internetzugang, Nachrichten, Kamera, alles das, was das Mobiltelefon vom Ursprung her ausmacht. Zu den **Zusatzeigenschaften** gehört Musik, die Fähigkeit andere Apps zu laden, Erinnerungen oder Notizen.

Verpackung und Gestaltung sind die Komponenten, wie eine Firma ihr Produkt gestaltet. Apple legt Wert auf edles Design, schlicht aber hochwertig. Auch die Erneuerung des iPhones mit neuen Modellen gehört zu diesem Punkt.

---

[5] Speth/Kaier/Boller/Waltermann 2017, S.259
[6] Duden: https://www.duden.de/rechtschreibung/Marketing Zugriff am 27.01.2018
[7] Amely 2016, S.93
[8] Bildquelle: http://slideplayer.org/slide/2760845/10/images/2/Abbildung+11-1:+Komponenten+eines+Produktes.jpg Zugriff am 28.12.17

Als **Basisdienstleistungen** kann sich der Kunde die Beratung oder den Kundendienst vorstellen.

Zusatzdienstleistungen sind Versicherungen („AppleCare"), die man zusätzlich abschließen kann oder auch der Online Kundendienst („Whatsapp Chat") bei Fragen. Zuletzt die **Marke**: Die Marke spielt auch eine entscheidende Rolle bei der Wahrnehmung eines Produktes durch den Kunden. Bei einem Smartphone, einer Marke wie Apple oder Samsung, besitzt der Kunde von Grund auf eine höhere Zahlungsbereitschaft, als beispielsweise bei einer „No-Name" Marke aus China. Darüber hinaus erwartet er aber auch eine entsprechende Qualität der Markenprodukte.

2.2 Produktpolitik im engeren Sinn

Die Produktpolitik kann man in zwei Bereiche einteilen:
Die Produktpolitik im engeren Sinne und die Produktprogrammpolitik. Unter der Produktpolitik im engeren Sinne versteht man die einzelnen Produkteigenschaften eines Produkts. Einzelne Produkteigenschaften sind beispielsweise:

- Produktgestaltung
- Verpackungsgestaltung
- Markenpolitik
- Servicepolitik

Bei Produktgestaltung und Verpackungsgestaltung kommt es auf die Bereiche Design, Farbe und Gestaltung an, d.h. sein Produkt als auch die Verpackung für den potenziellen Kunden möglichst ansprechend zu gestalten. Markenpolitik ist die Gestaltung/Vermarktung der Marke, Markenlogo und Markenslogan. Servicepolitik ist der Kundendienst. Insgesamt ist die Produktpolitik die äußere Vermarktung eines Produkts. Wie gut ist es gestaltet, ist es Ansprechend? Wie gut kommt die Marke an? Hat man nach dem Kauf noch gute Beratung, Kundendienst?[9]

2.3 Produktprogrammpolitik

Produktprogrammpolitik ist die gesamte Produktpalette/Sortiment, die in Programmbreite und Programmtiefe unterteilt wird.

---

[9] YouTube: https://www.youtube.com/watch?v=KKyJRkryHMs Zugriff am 26.12.17

Die Programmbreite ist die Anzahl der Produktlinien. Programmtiefe die Anzahl der Produkte innerhalb einer Produktlinie.[10]

Beispiel Apple:

Apple

		Programmbreite			
Mac	iPad	iPhone	Watch	TV	Music
Mac Book	iPad Pro	iPhone X	Apple Watch Series 3	Apple TV 4K	Apple Music
Mac Book Air	iPad	iPhone 8	Apple Watch Nike+	Apple TV	iPod Touch
Mac Book Pro	iPad mini 4	iPhone 7	Apple Watch Hermes	Zubehör	Musikzubehör
iMac	Zubehör	iPhone 6s	Apple Watch Edition		
iMac Pro		iPhone SE	Apple Watch Series 1		
Mac Pro		Zubehör	Armbänder		
Mac Mini			Zubehör		
Zubehör					

(links vertikal: Programmtiefe)

Im Beispiel Apple sind die Produktlinien Mac, iPad, iPhone, Watch, TV und Music. In jeder Produktlinie gibt es verschiedene Produkte. So hat die Produktlinie iPad: iPad Pro, iPad, iPad mini 4 und Zubehör als Produkte.

Um immer fortschrittlich zu sein, und um immer die neusten und besten Produkte im Sortiment zu haben, muss das Unternehmen sein Produktprogramm laufend ändern. Deshalb werden laufend Optimierungen in der Produktvariation, Produktinnovation und Produktelimination vorgenommen.

2.3.1 Produktinnovation

Produktinnovation ist die Aufnahme neuer Produkte in das Produktprogramm. Einerseits, um dem technischen Stand gerecht zu werden und andererseits, um dem Bedarf des Konsumenten gerecht zu werden. Produktinnovation wird unterteilt in:

  a. Produktdiversifikation
  b. Produktdifferenzierung

2.3.1.1. Produktdiversifikation

Bei der Produktdiversifikation wird das Produktprogramm durch Aufnahme weitere Produkte erweitert. Man unterscheidet zwischen horizontaler, vertikaler und lateraler Diversifikation.[11]

---

[10] YouTube: https://www.youtube.com/watch?v=KKyJRkryHMs Zugriff 26.12.17

- Horizontale Diversifikation:

  → Das Produktprogramm wird um ein artverwandtes Produkt erweitert, d.h. das Produkt steht in engem sachlichen Zusammenhang zu den bisherigen Produkten des Produktprogramms. Beispiel: Ein Autohaus bietet ab sofort auch Kfz-Versicherungen an.

- Vertikale Diversifikation:

  → Das Produktprogramm wird um zusätzliche Produkte aus einer vor- oder nachgelagerten Produktionsstufe erweitert. Beispiel: Ein Automobilhersteller bietet seine Motoren in überarbeiteter Form den Herstellern von Rennboten an.[12]

- Laterale Diversifikation:

  → Das Produktprogramm wir um völlig artfremde Produkte erweitert. Beispiel: Automobilhersteller steigt in die Luft- und Raumfahrttechnik ein.[13]

2.3.1.2. Produktdifferenzierung

Bei der Produktdifferenzierung bietet man verschiedene Varianten eines Produkts an, um viele unterschiedlichste Kundengruppen anzusprechen. Beispiel: Ein Automodell wird nicht nur als Limousine, sondern auch als Kombi oder Cabrio Variante angeboten.

2.3.2 Produktvariation

Produktvariation ist die Modifizierung eines bereits existierenden Produkts, beispielsweise Farbe und Design. Die Kerneigenschaft wird dabei nicht verändert. Ziel der Produktvariation ist es, ein attraktives Produkt für den Konsumenten zu schaffen. Beispiel: Eine neue Generation des iPhones.

2.3.3 Produkteliminierung

Produkteliminierung ist die Eliminierung eines Produkts aus dem Produktprogramm, beispielsweise aufgrund von langfristigen Verlusten.
Eine Produkteliminierung sollte aber vor der Ausführung gut bedacht und abgewogen werden.

---

[11] Speth/Kaier/Boller/Waltermann 2017, S. 262
[12] Amely 2016, S. 95
[13] Amely 2016, S. 95

2.4 Markenmanagement

Die Marke hat in den letzten Jahren deutlich an Stellenwert gewonnen, für Unternehmen stellt sie einen wertvollen Vermögensstand (Markenwert) dar. Markenwert ist die Assoziation, die ein Kunde mit der Marke verbindet, sowohl positiv als auch negativ, und dadurch den Wert eines Produkts oder die Dienste des Unternehmens mehren oder mindern.[14]Ursprünglich war die Marke lediglich eine Kennzeichnung für die Herkunft des Produkts definiert.

Die Identifikations- und Differenzierungsfunktion sind wichtige Komponente um das Verbraucherverhalten zu erklären, allerdings spielt das Image der Marke, das ein Markenname beim Verbraucher erzeugt, auch eine sehr große Rolle.

Beim Markenmanagement ist es daher sehr wichtig ein positives, entscheidungsrelevantes und unverwechselbares Markenimage beim Konsumenten aufzubauen.[15]

Aus der Sicht des Verbrauchers haben Marken folgende Funktionen:

- Sicherheit und Vertrauen
  - → Starke Marken erzeugen eine Qualitätsgarantie und schaffen daher Sicherheit beim Konsument.
- Vermittlung eines besonderen Konsumerlebnisses
  - → Die Marke kann durch ihr Image das ganzheitliche Produkterleben verändern, wie man beispielsweise bei der Blindverkostung Coca-Cola und Pepsi Vergleich erkennen konnte.
- Orientierungs- und Entscheidungshilfe
  - → Mit der Marke werden bestimmte Eigenschaften assoziiert und stellen somit eine zusätzlich Information dar, anhand der sich der Kunde orientieren kann. BMW steht beispielsweise für Freude am Fahren.
- Mittel zur Selbstdarstellung
  - → Marken vermitteln bestimmte Gefühle und Images, welche zur Vermittlung eigener Wertevorstellungen beitragen.

Aus der Sicht eines Unternehmens haben Marken folgende Funktionen:

- Schutz gegen Nachahmung

---

[14] Schweiger, Schrattenecker 2013, S.90
[15] Schweiger, Schrattenecker 2013, S.91

- → Markeninhaber besitzt das ausschließliche Nutzungsrecht auf Markennamen und –zeichen, sofern er seine Marke ins Markenregister eintragen lassen hat.
- Markentreue
  - → Wenn eine Marke viele Kunden hat, die aufgrund von Zufriedenheit immer wieder Produkte kaufen, dann erhöht sich die markenpolitische Planungssicherheit für die Marke.[16]
- Wertsteigerung des Unternehmens
  - → Durch das starke Markenimage beim Kunden.
- Preispolitischer Spielraum
  - → Markenprodukte stehen für Qualität und können deshalb im Preis höher angesetzt werden.
- ➤ Um all diese Aufgaben erfüllen zu können, ist eine aktive Marketingpolitik zu betreiben

3. Kommunikationspolitik

3.1 Allgemein

„Aufgabe der Kommunikationspolitik ist die planmäßige Gestaltung und Übermittlung von Informationen, die die Adressaten der Kommunikation im Bereich Wissen, Einstellungen, Erwartungen und Verhaltensweisen im Sinne der Unternehmensziele beeinflussen sollen."[17]

3.2 Werbung

„Ziel der Werbung ist es, die Kunden zu informieren und sie zu beeinflussen, die Produkte zu kaufen"[18]

Um zu überprüfen, ob man mit seiner Werbung die Ziele erreicht, kann man das AIDA-Modell nutzen. AIDA bedeutet:

---

[16] Schweiger, Schrattenecker 2013, S.92
[17] Homburg 2015, S.757
[18] Kalka/Mäßen 2000, S.92

Attention: Mit Werbung wird die Aufmerksamkeit des Kunden gewonnen.

Interest: Über die Wahrnehmung hinaus wird das Interesse des Konsumenten geweckt.

Desire: Der Kunde hat den Wunsch, das Produkt näher kennen zu lernen.

Action: Der Kunde kauft das Produkt.

➢ Diese vier psychologischen Stufen der Werbewirkung soll der potenzielle Konsument nacheinander durchlaufen.

Werbung wird unterteilt in die klassische Werbung und in weitere Kommunikationsinstrumente.

3.2.1 Klassische Werbung

- Printwerbung
- Fernseh- und Kinowerbung
- Radiowerbung
- Außenwerbung
- Online-Werbung

Im Bereich klassische Werbung werde ich auf die Punkte Printwerbung, Online-Werbung und Fernsehwerbung genauer eingehen.

3.2.1.1. Printwerbung

Printwerbung sind alle Werbebotschaften, die in gedruckter Form und in den jeweilig entsprechenden Medien erscheinen.[19]

Es gibt verschiedene Arten von Printwerbung:

- Zeitung
- Zeitschrift
- Anzeige
- Plakat

Vorteile der Printwerbung sind:

- Langlebigkeit
- Genaue Zielgruppenansprache
- Möglichkeit detaillierte Produktinformationen zu senden

Nachteile der Printwerbung sind:

- Nur begrenzte darstellerische Möglichkeiten

---

[19] http://wirtschaftslexikon.gabler.de/Definition/printwerbung.html Zugriff am 28.01.2018

- Erzeugung von Aufmerksamkeit schwierig

3.2.1.2. Online-Werbung

„Bei der Online-Werbung werden Werbebotschaften auf fremden Websites als Werbeträger platziert – entweder in Form von Banner, Pop Up Ads [...] oder als Anzeige auf Ergebnisseiten von Suchmaschinen."[20]

Verschiedenen Arten von Online Werbung sind z.B.:

- Affiliate Marketing
    - → Ein Website-Betreiber platziert auf seiner eigenen Website einen Link zum Shop eines anderen Unternehmens und erhält dafür eine Verkaufsprovision.

- Suchmaschinen-Werbung
    - → Wenn der Benutzer einen vom Werber definierten Schlüsselbegriff in die Suchmaschine eingibt, erscheinen als Suchergebnis Banner oder Anzeigen des Werbers.

- Pop Up Ads
    - → Während des Surfens auf einer Website öffnet sich ein neues Fenster mit Werbung, dies kann in der Regel durch Anklicken wieder geschlossen werden.

- Banner
    - → Kleine Werbefläche auf einer Website, die mit dem eigenen Angebot so verknüpft ist, dass der Besucher durch Anklicken des Banners direkt auf die Website dieses Anbieters gelangt.

Vorteile der Online-Werbung:

- Individualisierbarkeit
- Direkt mit Einkaufshandlung verknüpfbar
- Zielgruppen können gut erreicht werden
- Werbeerfolgskontrolle gut möglich
- Geringe Kosten
- Genau angepasste Werbung an den Kunden durch Cookies

Nachteile der Online-Werbung:

- Viele unseriöse Anbieter
- Steigende Popularität von Ad-Blocking

---

[20] Schweiger/Schrattenecker 2013, S. 148

- Wenig Privatsphäre der Konsumenten durch Cookies

3.2.1.3. Fernsehwerbung

Fernsehwerbung ist eine Art der elektronischen Werbung, hier wird die Aufmerksamkeit der Zielperson durch Bild und Ton gefesselt.[21]

Vorteile der Fernsehwerbung:

- Hohe Reichweite
- Schnelle Wirkung
- Produkt kann im Gebrauch gezeigt werden
- Möglichkeit hohe Aufmerksamkeit zu erzeugen (Bild und Ton)

Nachteile der Fernsehwerbung:

- Hohe Kosten
- Reaktanz/Zapping

Beispiele der klassischen Werbung:

Printwerbung(links)[22], Fernsehwerbung(unten rechts)[23] & Online-Werbung(oben rechts)[24]

---

[21] Schweiger/Schrattenecker 2013, S.326
[22] http://www.ja-text.de/s/cc_images/cache_30358778.jpg?t=1500464490 Zugriff 28.01.2018
[23] http://meedia.de/wp-content/uploads/2015/01/Bildschirmfoto-2015-01-27-um-11.45.11.png Zugriff am 28.01.2018
[24] https://www.sparwelt.de/gutscheine/zalando Zugriff am 28.01.2018

3.2.2 Weitere Kommunikationsinstrumente

- Direktmarketing
- Public Relations (Öffentlichkeitsarbeit)
- Messen
- Events
- Sponsoring
- Product Placement (Produktplatzierung)
- Verkaufsförderung
- Influencer Marketing

Im Bereich der weiteren Kommunikationsinstrumente stelle ich die Punkte Verkaufsförderung, Sponsoring, Influencer Marketing, Public Relations vor.

3.2.2.1. Verkaufsförderung

„Die Verkaufsförderung hat das Ziel, durch Maßnahmen am Ort des Verkaufs (Point of Sale) den Umsatz anzukurbeln. Die Aktionen sind kurzfristig und dienen der Profilierung des Unternehmens."[25]

Wichtige Formen der Verkaufsförderung sind:

- Salespromotion[26]
- Merchandising
- ➢ Verkaufsfördernde Maßnahmen, bei denen ein Produkt oft mithilfe des Bekanntheitsgrades einer anderen Sache oder mit speziellen Sonderangeboten vermarktet wird.

3.2.2.2. Sponsoring

Gesponserte Personen können Einzelpersonen, Personengruppen oder Institutionen sein. Das „sponsernde" Unternehmen stellt dem gesponserten Geld oder Sachmittel zur Verfügung. Dafür muss der Gesponserte Gegenleistungen erfüllen, wie z.B. Platzierung des Logos oder Markennamens des Sponsors auf Ausrüstungsgegenständen (z.B. Bekleidung), Beteiligung an Aktivitäten des Sponsors (z.B. Autogrammstunden) oder werbliche Nutzung des Gesponserten (z.B. Gesponserter muss im TV-Spot des Sponsors auftreten). Diese Gegenleistungen des

---

[25] Speth/Kaier/Boller/Waltermann 2017, S.281
[26] Bildquelle: http://www.colberg-forster.de/uploads/tx_templavoila/Verkaufsfoerderung1_01.jpg Zugriff am 30.01.2018

Sponsors führen zur Erreichung der Ziele des Unternehmens – z.B. Imageprofilierung oder Steigerung der Bekanntheit.[27]

Sponsoring kann in verschiedene Formen unterschieden werden:

- Sport-Sponsoring
- Kultur-Sponsoring
- Schul-und Universitäts-Sponsoring
- Öko-Sponsoring

Näher werde ich nur auf Sport-Sponsoring eingehen und dies anhand des Unternehmens Red-Bull darstellen.

Sport Sponsoring kann sich auf Einzelsportler, Vereine und Sportveranstaltungen beziehen.

Einzelsportler anhand von Red-Bull:

Red-Bull setzt bei der Auswahl des Athleten Wert auf Sympathie, einen starken Leistungswillen und eine selbstbewusste Persönlichkeit. Red-Bull unterstützt seine Athleten nicht nur finanziell, sondern auch materiell. [28]

Lindsey Vonn ist eine von vielen gesponserten Red-Bull Athletinnen. Sie ist die erfolgreichste Ski-Alpin Rennläuferin. Red-Bull bezahlt Lindsey Vonn ein Sponsorengehalt und stellt ihr einen Deutschlehrer sowie Trainingsmöglichkeiten zur Verfügung. Dafür muss sie als Gegenleistung auf ihrer Sportausrüstung das Red-Bull Logo sichtbar anbringen, zu Veranstaltungen von Red-Bull kommen und bei jedem Interview eine Red-Bull Flasche vor sich halten. Red-Bull kann dadurch vor allem im Sport Bereich seinen Absatz generieren. Nicht nur ihre Fans sind somit potenzielle Käufer, sondern alle Wintersportbegeisterte und allgemein Sportbegeisterte, da Red-Bull verstärkt im Bereich Sport Sponsoring betreibt.

Sponsoring von Vereinen anhand von Red-Bull:

Im Fußballbereich sponsert Red-Bull ganze Fußballvereine, die dann auch Red-Bull in ihrem Vereinsnamen haben, z.B. Red-Bull Salzburg, Red-Bull München und RB Leipzig, die aufgrund eines Verbots keinen Markennamen in ihrem Vereinsnamen haben dürfen.

Sponsoring von Sportveranstaltungen anhand von Red-Bull:

Red-Bull hat eigene Sportveranstaltungen, wie der „Wings for Life World Run" oder der „Red-Bull 400 Lauf".

---

[27] Schweiger/Schrattenecker 2013, S. 135
[28] Schweiger/Schrattenecker 2013, S.176

Red-Bull sponsert aber auch Sportveranstaltungen, wie das berühmte Abfahrtsrennen „Streif" in Kitzbühel. [29]

3.2.2.3. Public Relations:

Public Relations (PR) ist die Öffentlichkeitsarbeit, die zur Schaffung und Erhaltung eines guten Images führen soll, beispielsweise durch:

- Pressekonferenzen
- Spenden und Sponsoring
- Öffnung für die Öffentlichkeit (Tag der offenen Tür)

3.2.2.4. Influencer Marketing

Was ist ein Influencer?

„Der Begriff Influencer steht für Personen, die über Inhalte, ihre Kommunikation, ihr Wissen und ihre Reichweite als Experten und Meinungsbildner angesehen werden können. Influencer stehen für kein spezielles Medium."[30]

Was ist Influencer Marketing?

Wenn beispielsweise ein Instagramer oder ein YouTuber ein Produkt in die Kamera hält, eine Kampagne begleitet und über eine Reise berichtet und dafür von einem Unternehmen Sach- oder Geldleistungen erhält, spricht man von Influencer Marketing. Der Unterschied zu anderen Marketing Formen ist der Absender, denn hier ist nicht die Marke bzw. das Unternehmen selbst der Absender, sondern der Influencer. Influencer betrachten hier die Produkte als Privatperson und dadurch entsteht eine gewisse Glaubwürdigkeit, da die Produkte von „normalen" Personen getestet werden.

Für ein Unternehmen bedeutet Influencer Marketing allerdings auch Kontrollverlust, da die Inhalte vom Influencer selbst aufbereitet werden.

Aktuell ist das Influencer Marketing für Unternehmen sehr wichtig, da die Sozialen Medien sehr nachgefragt sind und die selbst aufbereiteten Inhalte der Influencer Glaubwürdigkeit vermitteln, was zu einer vermehrten Kaufbereitschaft führt.[31][32]

---

[29] Bildquelle: https://media4.s-nbcnews.com/j/streams/2014/December/141203/1D274907360397-canada-world-cup-women-downhill-skiing-jpeg-0b73b.today-inline-large.JPG Zugriff am 30.01.2018

[30] Inreach, S.5

[31] Inreach, S.7

[32] Bildquelle: Instagram Zugriff am 30.01.2018

4. Quellen

Buchquellen:

Kalka, Regina Mäßen, Andrea	Marketing, 1.Auflage, Mertingen 2000
Amely, Tobias	BWL kompakt für Dummies, 1.Auflage, Weinheim 2016
Speth, Dr. Hermann Kaier, Alfons Boller, Dr. Eberhard Waltermann, Aloys	Volks- und Betriebswirtschaftslehre für das berufliche Gymnasium (WG), Band 1: Eingangsklasse, 15. Auflage, Rinteln 2017
Homburg, Christian	Marketingmanagement, 5. Auflage, Wiesbaden 2015
Schweiger, Günther Schrattenecker, Gertraud	Werbung, 8. Auflage, Konstanz und München 2013
Inreach	Leitfaden Influencer Marketing, Stand Juni 2017

Bildquellen:

https://www.sparwelt.de/gutscheine/zalando Zugriff am 28.01.2018

http://www.ja-text.de/s/cc_images/cache_30358778.jpg?t=1500464490   Zugriff 28.01.2018

http://meedia.de/wp-content/uploads/2015/01/Bildschirmfoto-2015-01-27-um-11.45.11.png Zugriff am 28.01.2018

http://slideplayer.org/slide/2760845/10/images/2/Abbildung+11-1:+Komponenten+eines+Produktes.jpg Zugriff am 28.12.2017

Instagram Zugriff am 30.01.2018

http://www.colberg-forster.de/uploads/tx_templavoila/Verkaufsfoerderung1_01.jpg Zugriff am 30.01.2018

https://media4.s-nbcnews.com/j/streams/2014/December/141203/1D274907360397-canada-world-cup-women-downhill-skiing-jpeg-0b73b.today-inline-large.JPG   Zugriff am 30.01.2018

Internetquellen:

http://wirtschaftslexikon.gabler.de/Definition/printwerbung.html Zugriff am 28.01.2018

https://www.duden.de/rechtschreibung/Marketing Zugriff am 27.01.2017

https://www.youtube.com/watch?v=KKyJRkryHMs Zugriff am 26.12.2017

https://www.youtube.com/watch?v=KKyJRkryHMs Zugriff 26.12.2017